Ulrich Schaffer

Spannung

Das Wagnis der Lebendigkeit

Ulrich Schaffer

Spannung

Das Wagnis
der Lebendigkeit

mit Fotografien des Autors

EDITION
schaffer
im Kreuz Verlag

Mit Spannung leben

Der Titel ist doppeldeutig. Manche, die diese drei Worte hören, mögen denken: „Ja, man muss eben mit der Spannung leben". Das ist sicherlich eine Sicht. Aber es gibt auch die andere. Mit Spannung leben. Gerade die Spannung schenkt uns Leben, ohne sie gibt es kein Leben. Spannung ist Einsatz, Wagnis und Chance. Es ist eine Kunst, genug Spannung im Leben zu haben, dass wir wirklich lebendig sind, aber nicht so viel, dass wir verspannt werden und unter der Spannung so leiden, dass wir aufgeben oder von ihr zerstört werden. In verschiedenen Bereichen unseres Lebens bewegen wir uns oft zwischen zwei Alternativen. Manchmal ist jede Alternative in sich gut und lebensfördernd, aber die eine scheint die andere auszuschließen. Es ist die Frage, ob es tatsächlich so ist oder ob wir es nur so sehen.

Es gibt eine Sicht der Welt, in der wir die Alternativen vereinen können, anstatt sie einander gegenüberzustellen. Meistens jedoch entscheiden wir uns für die eine oder die andere Seite, werden damit einseitig und vernachlässigen die andere Seite. In diesem Buch möchte ich andeuten, dass das wirklich lebendige Leben darin besteht, die Gegensätze zueinander zu bringen. Wenn wir beide Seiten in uns vereinen, werden wir nicht einseitig.

Ein Beispiel: Ein Mensch, der nur an sich denkt, zerstört sich in seiner Einseitigkeit. Weil er kein Interesse an anderen hat, verliert er seine Freunde, ihm fehlt die Korrektur, er setzt sich anderen Meinungen nicht aus, er vereinsamt. Er hat also am Ende nicht wirklich an sich selbst gedacht. Ein Mensch, der nur an andere denkt, verliert sich selbst aus den Augen, weiß oft nicht mehr, wer er ist und was er will, verausgabt sich zu sehr und macht oft so lange weiter, bis er ausgebrannt ist. Er hat am Ende nicht wirklich an die anderen und ihr tiefes Wohl gedacht. Wenn es uns gelänge, eins im anderen zu sehen: Wer an sich denkt, wirklich an sich denkt, wird auch immer an andere denken, weil er andere braucht, damit es ihm gut geht. Wer wirklich an andere denkt, tut sich

damit selbst etwas Gutes und denkt damit indirekt auch an sich.
Manche versuchen die Welt so einfach zu sehen, dass sie keine Spannung erleben oder meinen, keine zu erleben. Oft ist es eine vereinfachte, schwarzweiße Sicht der Welt. Oder der Welt wird eine gewisse Ideologie übergestülpt, und man versucht, die Welt so zu sehen, dass alles in ihr in die Ideologie hineinpasst. So meint man der Spannung entgehen zu können. Aber selbst wenn es uns nicht bewusst wird, zehrt sie an uns. Das merken wir spätestens dann, wenn wir krank werden. Wir haben nicht gelernt, mit der Spannung wirklich zu leben.
In einem Text in diesem Buch wird die Spannung als Lebensmuskel beschrieben. Ein Muskel muss trainiert werden, um fähig zu bleiben. Bei uns gibt es den Spruch: „Use it or lose it“ – „Gebrauch es, oder du verlierst es.“ Spannung ist Training. Je mehr wir lernen mit der Spannung umzugehen, desto mehr können wir die Spannung für die Bewältigung des Lebens einsetzen. Dazu gehört auch, hinter die äußere Manifestation der Spannung zu sehen und ihre tiefere Bedeutung zu entdecken. Die positiv gesehene Spannung hilft uns bei der Expansion und Vertiefung unseres Lebens, weil wir die einseitige Sicht der Welt loslassen. Spannung gehört zur Komplexität des Lebens. Sie ist ein Schlüssel zur Lebendigkeit.
Es hat mir besonderen Spaß gemacht, die Bilder zum Gedanken der Spannung auszusuchen. Es gibt in der Natur viele Formen der Spannung: die Spannung zwischen Licht und Dunkel, zwischen warmen und kalten Farben, zwischen großen und detaillierten Mustern und die Spannung zwischen unterschiedlichen Formen. Es gibt offensichtliche und subtile Spannung, genau wie in unserem Leben. Sie alle tragen dazu bei, die Natur Anschauungsunterricht sein zu lassen und in uns das zu entdecken, was uns umgibt.

ulrich schaffer

Gibsons, British Columbia, Canada
www.ulrich-schaffer.com

Mit ausgebreiteten Armen

Ein Mensch steht mit ausgebreiteten Armen da.
Sein linker Arm reicht in die Freiheit der Freien,
reicht in die Unsagbarkeit, in das Vergessen, ins Chaos.
Sein rechter Arm reicht in die Ordnung,
in die richtigen Worte, in die Erinnerung,
in die wiederkehrenden Muster des Lebens.
Beide Arme beginnen in seinem Torso.
Beide Seiten ziehen an ihm, wollen ihn ganz zu sich holen.

Er aber steht fest, gehalten von seiner Mitte,
von dem Gewicht und der Wahrheit seines Wesens.
Durch Hände und Arme fließen
die unterschiedlichen Botschaften zu ihm hin.
Er nimmt sie auf, nimmt sie ernst
und vereinigt sie in sich und macht etwas Neues daraus.
Dabei verlässt er seine Mitte nicht.

Was getrennt ist und sich einander feindlich gegenübersteht,
findet in ihm zueinander.
Ihm gehört alles, was seine Hände berühren,
und alles, was seine Gedanken zu denken wagen.
Er ist reich in seiner Spannung.

Was unter Spannung steht, hat Kraft

Als Kind schnitt ich mit kleinen Händen einen Weidenstock,
kerbte das Ende des Stockes ein,
befestigte eine Schnur an einem Ende
und bog ihn, bis er fast ein Halbkreis war,
und befestigte dann am anderen Ende die Schnur,
um die Spannung zu halten.
Fertig war der Flitzebogen.

Wenn ich es tat, erlebte ich unbewusst
eines der großen Gesetze unserer Welt:
Was unter Spannung steht, hat Kraft.
Jeder neu geschossene Pfeil faszinierte mich,
weil er von dieser geheimen Energie zeugte,
die für mich wirkte.
Je stärker die Spannung,
desto weiter flog der Pfeil.
Manchmal brach auch ein Bogen,
weil die Spannung zu stark war.
Es gab Grenzen.

Bis heute lebe ich mit dem Gesetz der Spannung.
Ich beobachte, ob die Pfeile meines Lebens fliegen,
ob sie ihr Ziel erreichen.
Ob mein Leben Kraft hat.

In der Spannung bleiben wir der Erde nah

Ich möchte lernen,
immer wieder mittendrin zu sein
und nicht in einer Sonderwelt,
die mir von der Einseitigkeit angeboten wird.
Ich will die Buntheit der Welt nicht opfern,
um es mir leichter zu machen.
Ich will die erschreckenden Gegensätze erlauben,
ohne sie abzuwerten.
Ich will den Erscheinungen der Welt treu sein,
ihnen Raum in mir anbieten.
Ich will nicht verloren gehen in der kleinen Sicht,
in der kein Platz ist für die Wunder der Welt.

Ich möchte die Spannung einladen, bei mir zu wohnen,
und mich selbst herausfordern,
in meinem Kern standhafter zu werden.
Ich will nicht in vorgegebenen Regeln und Haltungen untergehen.

Ein anderer Gott

In der Spannung entsteht ein anderer Gott.
Der kleine Gott geht unter, der Freizeitgott,
der Gott des guten Tons, der Gott der Regeln,
der Gott der Väter und Mütter.
Jetzt brauche ich einen Gott, der in mein Leben eingreifen kann,
der nicht der Theologie, sondern mir gerecht wird.
Ich bin in der Not der Spannung
und brauche Erlösung einer anderen Art.

Die Spannungen meines Lebens
machen mir deutlich, was ich glaube
und was ich nur meine zu glauben.
Sie ziehen mir die wohlsitzenden Kleider aus,
in denen ich mich wie ein Scharlatan bewegt habe:
Sie verlangen von mir, echt zu werden, ohne Sprüche,
ohne künstliche Körperhaltungen und Mienen
und ohne leere Rituale.

Vielleicht entsteht aus der Spannung ein Gott,
der kein Gesicht hat und keine Regeln kennt.
Er ist nur eine Gegenwart,
nur die verkörperte Treue des Lebens zu sich selbst.
Aber ich werde ihn lieben, mit und ohne meine Blindheit,
ich werde ihm nachspüren, mit dem alten Handwerkszeug
und mit dem neuen, das ich noch kennen lernen muss.
Ich werde ihm auflauern, ihn überraschen und herausfordern.
Ich werde beseelen, was leer war.

Was ich tue

Ich durchquere den Fluss
und schüttle die Angst ab.
Ich stütze mich auf ein Wort
und werde mutig.
Ich halte mich an die Nacht
und dunkle weiter nach.
Ich berühre dich
und erkenne die Sehnsucht.
Ich sehe mich fliegen
und muss schnell landen.
Ich richte mich auf
und sehe Gott in die Augen.

Das sind die Dinge, die ich tue,
manchmal wie von weit her
und mit letzter Kraft.
Aber ich tue sie.

Ich schlucke die Spannung

Wir brauchen die Spannung,
um aus dem Labyrinth „Gewöhnung“ herauszufinden.
Mit kraftvoller Entschlossenheit
und manchmal an mir und meiner Steifheit vorbei
sucht das Leben in mir nach Erneuerung.
Einer inneren Weisheit entsprechend ahne ich,
dass ich mich nicht wiederholen kann,
ohne dabei Schaden zu nehmen.
Es ist nicht das Neue, was mich rettet,
sondern der Mut, loszulassen
und dann wieder zuzugreifen.

Damit ahme ich die Weisheit der Welt nach,
die Jahreszeiten, die Tiden, die Zugvögel.
Ich sehe mir selbst über die Schulter,
ich buchstabiere an meiner Verwandlung,
ich schlucke die Spannung,
die ich mit meinem Mut erzeuge.

In die offene Welt hinein werde ich
von Tag zu Tag ein anderer
und entdecke meine Zukunft in mir.

Unsere Bedürftigkeit

In der Spannung spüren wir unsere Bedürftigkeit.
Wir merken das Ende unserer Antworten,
die Hilflosigkeit in Situationen,
die wir im Kopf bewältigen können,
in denen wir aber untergehen
mit den Bildern unserer Seele
und dem Glück unseres Körpers.

Die Spannung, die uns herausfordert,
macht uns demütig.
Sie öffnet uns für die weißen Stellen
auf der Landkarte unseres Herzens.

Erst wenn ich begreife,
dass auch Verlust Gewinn sein kann,
verwandele ich Spannung in Energie.
So werde ich vor der Überheblichkeit gerettet,
die immer auf mich lauert.
Mit der Spannung beginnt etwas Neues.
Dem folge ich wie ein Entdecker neuer Welten.
Meine Bedürftigkeit lässt mich
meine innere Größe ahnen.

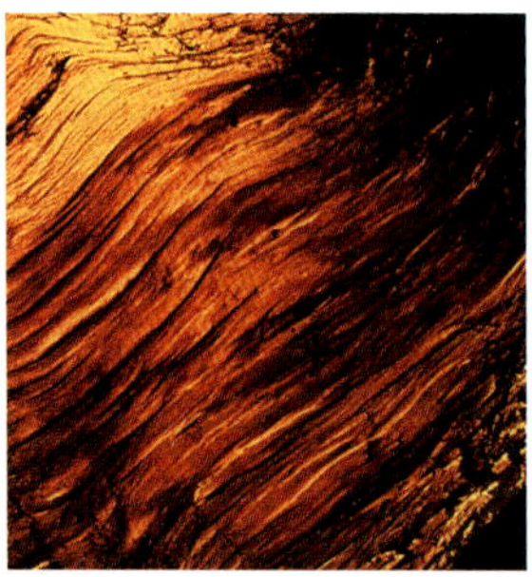

Querfeldein

Ich verlasse den achtfachen Pfad,
die zwölf erkennbaren Stufen,
die sechs wiederkehrenden Lebensbegriffe
und die neun unfehlbaren Prinzipien,
um querfeldein zu gehen,
weil ich am Horizont ein Licht gesehen habe,
an dem mein Leben hängt, und nur meins.
Da fügt sich überraschend
jenseits der Weisheit meiner Mitwanderer
ein Bild zusammen,
auf dem ich nichts erkennen kann.

Genau in dem Moment
fliegen bei mir zu Hause Fenster und Türen auf,
und aus dem Keller kommt ein tiefes Geräusch,
das ich später als meine eigene Stimme erkenne.

Licht

Ich katapultiere mich zwischen die Sterne

Ich spüre die Spannung in meiner Seele,
die sich einen großen allmächtigen Gott wünscht,
der das Universum in den Händen hält,
und doch will diese Seele nicht Macht, sondern Nähe.
Sie hält es nicht aus,
den fernen und unnahbaren Gott zu denken,
sie schafft sich Bilder der Begegnung.
Bis in ihre feinsten Fibern ist sie Partnerin,
ist sie weich und anschmiegsam,
ist sie die In-die-Augen-Sehende.

Ich weiß, dass mich nichts von dieser Spannung erlösen wird.
Ich brauche diese unauflösbare Doppelsehnsucht,
durch die ich die Grenzen überschreite,
die ich mit meiner Einseitigkeit gezogen hätte.
Mit dieser Spannung katapultiere ich mich
zwischen die Sterne
und in die Mitte meines Herzens,
und wer will mir sagen,
dass in beiden nicht Gott ist,
wie meine Seele Gott braucht.

Die Saite

Der Geiger zieht eine neue Saite auf.
Er fädelt sie in die Zunge des Saitenhalters ein,
streckt sie über die glänzende Decke der Geige,
zieht sie durch einen der vier Wirbel
und spannt sie, indem er sie aufrollt.
Dann beginnt er die Saite zu zupfen,
lauscht ihrem Klang und merkt,
dass sie noch nicht straff genug ist:
ihr Ton ist noch zu tief.
Er zieht die Saite fester und fester,
die Spannung wächst, der Ton wird höher,
aber sie darf nicht reißen.

Dann ist erreicht, was nötig ist:
Die Saite gibt jetzt unter der sanften, festen Hand des Geigers
den Ton von sich, der nötig ist,
um sie zu dem Instrument zu machen,
das unser Herz anrührt wie kein zweites.
Nur unter der richtigen Spannung entsteht das Lied,
das uns in eine andere Welt hineinträgt.

Aus der Spannung meines Lebens lässt
meine Seele Musik werden.

Wie die Hand im Handschuh

Ich habe gelernt, auf meine Fehler zu sehen:
Es war christlich, demütig, deutsch, richtig.
Später habe ich gelernt, mich nicht nur anzunehmen,
sondern mich zu lieben, und doch blieb die Spannung.
Bis ich entdeckte, dass es nie darum ging, richtig zu sein,
sondern das Leben zu lieben.

Jetzt begegne ich mir manchmal
in der unübersichtlichen Landschaft des Glücks.
Ich erhöre die Wünsche meines Wesens,
die von fremden Stimmen begraben wurden.
Ich gebe der Unsicherheit kein Futter mehr.
Der Gott meines Lebens ist kein Richter.

Ich lebe jetzt an den Ideen vorbei,
vorbei an den gewaltigen, einschüchternden Worten,
die mich aufreißen und verletzen.
Ich trage nicht mehr die Verantwortung
für das Gebäude fremder Regeln und Ordnungen,
die mich kleiner und kleiner machen.

Ich komme bei mir an,
liebe mich selbst mit meiner Suche
und lebe wie die Hand im Handschuh.

Eins im anderen

Was über der Erde ist,
wird von dem getragen,
was unter der Erde ist.
Die Wurzeln halten die Krone hoch.

Die Liebe kann in der Luft spielen,
weil sie im Dunkel der Erde verankert ist.
Sie darf fliegen, weil sie bereit ist,
flach auf die Erde geduckt zu leben.

Das Herz geht über von dem,
in dem es fast untergegangen wäre.
Der Tag reitet auf dem Rücken
der schwarzen Nacht.

Was wir loslassen,
gehört uns mehr
als alles, was wir festhalten.
Was uns besitzt, besitzen wir nicht.

In der Krankheit steht die Gesundheit einer anderen Art
schon bereit, um uns zu heilen
über jede Gesundheit hinaus, die wir kannten.

Der Ort der Erkenntnis

Von Paul Tillich habe ich gelernt,
dass die Grenze der eigentliche Ort der Erkenntnis ist.
Es ist der Ort, von dem aus ich mit Spannung
in zwei Länder, zwei Wirklichkeiten sehen kann.

Ich lebe in Kanada und bin doch immer wieder
mit dem Herzen in Deutschland.
Ich sehe beide Länder
mit dem Blick des Insiders und des Outsiders.
Ich spüre die Spannung in mir.

Ich lebe in dieser Welt
und lebe doch mit einem Glauben
an eine andere Welt.
An guten Tagen bin ich ganz hier,
weil ich in der Weite meines Himmels lebe.

Ich bin bei mir und ebenso bei dir.
Wenn ich an mich denke,
spüre ich deinen Anspruch an mich
und kann mich erst dann selbst klar sehen.
Du bist die Augen, die mir fehlen.
Und manchmal spüre ich das Glück,
dass du aus meinen Augen schaust.

Ich bin alles, was ich denken kann.

Mysterium

In der Spannung wird das Mysterium unseres Lebens sichtbar
wie ein Glanz und wie ein Loch.
Was einfach aussah, wird dunkel,
und was mich früher hinunterzog, erlöst mich jetzt.
Im Glück spüre ich die Angst
vor der glücklosen Zeit nach dem Glück.
In der Nähe schwingt schon die Verlustangst mit.
Aus meinem vermeintlichen Verstehen
gähnt mir die Unverständlichkeit entgegen.
Im Rechten und Gerechten
spüre ich die Nähe der Ungerechtigkeit.
In der Rechtgläubigkeit zeigt sich die Enge,
der alles geopfert wird.

Das Leben hat kein festes Gesicht,
hat keine Gestalt, keinen Namen.
Keine Beschreibung wird ihm gerecht. Alles ist zu klein,
alle Kleidung eine Verkleidung.

Vielleicht wird es auch für mich einmal eine Reife geben,
in der sich die Gegenüberstellungen,
dieses Oben und Unten, Schwarz und Weiß
auflösen werden und ich hineingreifen werde
in die Fülle der Erscheinungen,
ohne etwas zu beschreiben,
herrlich unwissend weise.

gestaltlos leer

Neigung

Lass die Tränen kommen,
lass die Geschichten in Vergessenheit geraten,
lass den Apfelbaum verwildern
und die Felder verdisteln,
lass die frommen Erinnerungen übergrauen,
lass das hellblaue Kleid
und das lilarot gemusterte Hemd hängen,
lass die blonde Muskelkraft
und den unnachahmlichen Blick,
lass den Himmel und die Hölle.

Probiere die neu gezüchteten Apfelsorten,
genieße die Bilder hinter den Vorhängen,
pflüge die steinigen Rinnen,
ernte, was du nie säen konntest,
ahne, was unweigerlich kommt,
begegne den faltenlosen Gesichtern,
spüre die engeren Blutgefäße,
die das Blut beschleunigen,
achte auf die Herbstschmerzen:
Sie sind eine Tür,
die nur der Mut,
den du jetzt hast,
öffnen kann.

Ich meine nicht die Spannung...

Ich meine nicht die Spannung,
in der wir uns übernehmen,
um uns selbst zu beweisen,
dass wir wertvoll sind.

Ich meine nicht die Spannung, die entsteht,
wenn wir uns vor dem Leben verstecken
und nicht ansehen, was ist.
Sie ist eine Flucht.

Ich meine nicht die Spannung,
die aus einem Wettstreit entsteht,
in dem wir miteinander kämpfen,
als wären wir Gegner.

Ich meine nicht die Spannung,
die uns mit der Zeit krank macht,
sodass wir Energie verlieren,
anstatt sie zu gewinnen.

Ich meine nicht die Spannung,
die keine Grenzen kennt und maßlos ist.
Sie zerstört und ist keine Lebenskraft.
Ich meine nicht die Spannung, die zum Tod führt.

Du bist ein Pfeil, in jeder Weise

Mit den Spitzen deiner Finger
streckst du dich nach der Haut der Welt aus.
Mit der erschreckten Form deiner Seele
rennst du über alles Gewesene hinaus.
Mit der Form deines bedürftigen Geistes
zeichnest du den Himmel auf jede Landkarte.
Mit deinen sehnsüchtigen Lippen
saugst du die Weisheit der Stille ein.
Mit deinen seherischen Augen lässt du das Sehen hinter dir,
um das Schauen zu lernen.
Mit deinen schöpferischen Worten erfindest du die Sprache,
die wir alle gesucht haben.
Mit deinen hellsichtigen Einsichten machst du Platz
für die Leere auf der anderen Seite der Erkenntnis.

Du bist ein Pfeil auf der sirrende Sehne.
In deinem Flug ist die Zeit aufgehoben.
Was du erhofft hast, ist in dem Zittern,
das deinen ganzen Körper durchzieht,
schon da.
Immer, immer bist du das Ziel gewesen.

Spannung, du Lehrerin

Wie ihre Schwester, die Angst,
will ich die Spannung nicht nur ertragen und aushalten.
Ich will sie lieben,
weil sie mir eine Begegnung mit mir selbst schenkt.
Ich habe ein Bild von mir,
von meinen Stärken und Begabungen,
von meinen Erfolgen und Leistungen.
Vielleicht bin ich unverwüstlich.

Wenn die Spannung kommt, stellt sie alles in Frage.
Die vermeintliche Stärke ist voller Löcher,
durch die die Armut schaut.
Die Erfolge zerfallen, der Glanz verschwindet,
die Leistungen wirken vordergründig.
Die Spannung macht etwas mit mir, das ich nicht will.
Sie lässt mich in den Abgrund schauen.

Aber wenn ich wage, die Spannung
mit dem Mut zur Wahrheit anzusehen, tut sie sich auf
und zeigt mir Möglichkeiten, die es vorher nicht gab.
Spannung, du geheimnisvolle Lehrerin
mit den vollen Händen, ich danke dir.

möglich

Wir gehören zusammen

Ein jeder von uns ist einmalig und allein,
und doch gibt es eine mystische Ebene,
auf der wir alle unzertrennlich miteinander verbunden sind.
Sogar Gegensätze sind nicht zu trennen.
Es ist Kurzsichtigkeit, sie als Gegensätze zu bezeichnen.

Ich weiß nicht, was mich erhält,
welcher Einsatz irgendwo auf der Welt,
welcher Verzicht, welches Gebet, welches Opfer, welche Erlösung,
welche himmlische oder irdische Mechanik.
Vielleicht habe ich das Leben, das ich habe,
weil irgendwo, mir unbekannt,
jemand anderes ein ganz anderes Leben lebt.
Durch sein Leben erhält er die Spannung,
die ich durch meines auslöse, und ich tue dasselbe für ihn.
So unterschiedlich wir auch sind, wir halten einander am Leben.

Wir sind alle ein Organismus:
die atmende, zerstörende, hoffende,
verzweifelnde, liebende, leidende Menschheit.
Kein Vergehen ist größer,
als sich herauszulösen und sich abseits zu stellen,
als wäre man besser, schlechter, reifer, freier.
Wir brauchen die Unterschiedlichkeit.
Spannung ist der Muskel des Lebens.

Sprachen

In uns kämpfen zwei Sprachen.
Die eine ist uns bekannt,
verstehbar heftet sie Vokale an Konsonanten,
verbindet Silben auf die gewohnte Art.
Geschmeidig begibt sich unsere Zunge
in ihre Berge und Täler.

Die andere ist uns fremd.
Sie bringt die Wildnis mit:
Wölfe in verschneiten Wäldern,
Bären, die nicht auf den Namen
Ursus arctos horribilis hören,
Vulkane unter Häusern,
Tsunamis in angelegten Gärten.
Die Zunge zerbricht sich an ihr.

Wir aber,
in der Ungenauigkeit unserer Wünsche,
wissen, dass wir beiden Sprachen folgen müssen,
auch wenn es uns zerreißt.
Erst da beginnt die dritte Sprache.

Violine bin ich

Ich fühle das Sehnen meiner Seele
in den Sehnen ihrer Erwartung,
Ich spüre mein Wesen, gespannt wie ein Bogen.
Meine Gedanken summen,
die Vorhaben meines erwartenden Herzens
sind wie die Saiten einer Violine, g, d, a und e:
g steht für geduldig, dieses Ausharren vor der Zeit,
d für dauerhaft, weil meine Erfüllung nicht aufhört,
auch wenn nichts geschieht,
a für abwägend, denn alle Weisheit entsteht
aus der zarten Balance
zwischen dem Möglichen und Unmöglichen,
und e für einfach, weil wir am Ende so einfach sind,
wie wir es am Anfang waren.

Ich heilige die Unerhörung und Verzögerung,
ich lobe den Rand und die Grenze.
In ihnen bilden sich die Weiten meines Wesens.
In dem, was nicht geschieht,
schaffe ich die Welt, die ich brauche.

Spannung, du...

Spannung, du staunendes Kind,
das jeden Tag voller Hoffnung beginnt,

Spannung, du loderndes Leuchtfeuer,
in dem ich meine Grenzen erkenne,

Spannung, du Erdbeben,
in dem ich die Festigkeit in mir finden muss,
ganz gleich, was die Richterskala anzeigt,

Spannung, du herbe Wahrheit,
weil du das Leben nicht vergoldest,

Spannung, du unumstößlicher Wegweiser
durch Wälder, Wiesen und Wüsten,

Spannung, du verrückt spielender Kompass,
der keine Richtung mehr zeigt,
als nur die nach innen,

Spannung, du aufblitzender Leuchtturm,
der meine versteckten Felsenriffe markiert,
auf die ich in Blindheit immer wieder auflaufe,

Spannung, du blauer, wolkenloser Himmel,
in den ich meine Geschichte schreiben kann,

Spannung, du Unwetter,
in dem ich mich neu orientieren muss,

Spannung, du abgründiger Grat,
über den ich zu mir selbst finde.

Spannung,
ich erhebe dich über die ausgeschöpfte Einseitigkeit
und empfange mein buntes Leben von dir.
Ich gebe dir einen Platz an meinem Tisch.
Ich glaube dir, dass ich gleichzeitig der bin, der ich bin,
und doch auch unendlich viel mehr.

Du hältst mich wach und ehrlich.
Du machst aus mir den mit den zehn Herzen,
mit den hundert Sehnsüchten
und den tausend Entscheidungen,
die wie erforschbare Abgründe sind,
in denen ich entstehe.

Reife

Ich verdanke dir die Musik meines Lebens,
die Stärke und die Strenge.
Ich bedanke mich für die Erfindungen,
die du mir gebracht hast.
Von dir fließt die Energie,
in der ich wählen kann, wie ich leben will.
In der Herausforderung der Spannung
bestehe ich das Leben selbst und werde ein Überwinder.

Lippen wölben sich um Worte

Sinn

Die Bedeutung der Ereignisse,
der Sinn unserer Handlungen,
der Zusammenhang auch vom Getrenntesten
liegen wie eine unbeschreibbare Quelle in uns.
Die ganze Welt stöhnt in ihrem Werden und Vergehen,
in ihrem Versuch, zusammenzuführen
und zu trennen, in einer Bewegung.
Wir schöpfen aus ihr,
nicht mit der Mechanik unseres Verstandes,
nicht mit der Folgerichtigkeit unserer Logik
und nicht mit den Regeln der Grammatik.

In der Hand, die den Apfel schält,
in dem vorsichtigen Arm, der Tee eingießt,
in den Lippen, die sich um Worte wölben,
in der Haut, die zitternd Haut berührt,
entsteht unsere erfahrbare Welt,
die wir nicht verstehen,
sondern nur zu lieben brauchen.
Sie ist kein Bild,
und an diesem Tag
ist sie mehr
als genug.

Ich bin viel mehr

Bin ich mein Körper, dieser treue Partner,
der mich durch die Welt getragen hat,
der fähig ist, im Stoffwechsel
seiner hundert Billionen Zellen
Wunder um Wunder zu vollbringen?
Mit ihm gehe und sehe ich,
mit ihm niste ich mich in der Welt ein,
mit ihm fliehe ich vor dem Druck.
Mit ihm bin ich glücklich, und unter ihm leide ich.

Oder bin ich mein Geist, meine Seele,
diese Empfindsamkeit und Wahrnehmung,
die aus einer anderen Welt zu kommen scheinen?
Bin ich meine gesammelte Sehnsucht,
die sich einen Gott denkt und ihn dann sucht und findet?
Ich liebe die Form in mir, die darauf wartet,
mit Zeitlosigkeit gefüllt zu werden.

In einer geheimnisvollen Ausgewogenheit
und einer genialen Spannung bin ich beides.
So durchbreche ich die Begrenzungen, um das zu werden,
was ich noch nicht einmal denken kann.
Ich bin viel – viel mehr als ich bin.

Geist
100.000.000.000.000

Zu den Fotos:

S. 2: Blick über die Escalante Ebene auf die Henry Mountains, Utah, USA.

S. 4: Kajakfahrer in den Skookumchuk Narrows, einer Enge im Pazifik mit den schnellsten Tiden der Welt. Durch die Enge bildet sich eine stehende Welle, in und auf der Kajakfahrer „reiten".

S. 7: „Durchblick" in einem Canyon des Escalante Gebietes, Utah.

S. 9: Metate Arch, an der Hole-in-the-Rock Road im Escalante Gebiet von Utah.

S. 11: Gewitterstimmung am Turnagain Arm in Alaska, USA.

S. 13: Buchen mit entblößten Wurzeln, bei Plön, Schleswig-Holstein.

S. 15: Spiegelung in einem kleinen Teich, östliche Sierra, California, USA.

S. 17: Einzelne Espe im Herbst, am Green River, Utah, USA.

S. 19: Birken im Frühschnee, bei Singen.

S. 21: Bristlecone Kiefer in den White Mountains von California, USA. Diese Bäume gehören zu den ältesten Lebewesen auf unserem Planeten. Einige sind über 5.000 Jahre alt. Oft ist ein Teil eines Baumes abgestorben und „opfert" sich sozusagen, damit der restliche Baum noch Jahrhunderte, vielleicht Jahrtausende weiterleben kann. Sie wachsen nur auf über 3.000 Metern Höhe.

S. 23: Zwei grüne Bäume umgeben von Wüste, auf dem Colorado Plateau, Utah, USA.

S. 24/25: Abendstimmung in den Rocky Mountains von Colorado, USA.

S. 27: Gewitter um Mitternacht über den Paysley Islands, bei Gibsons, British Columbia, Canada.

S. 29: „Finger Gottes" habe ich diese Einkerbungen spontan genannt, als ich sie das erste Mal sah, in den Finger Canyons of the Kolob, Utah, USA.

S. 31: Fingerhut.

Die Bilder sind alle mit einer Hasselblad gemacht worden. Als Filmmaterial gebrauche ich Fuji Velvia 50 oder 100. Als einzigen Filter gebrauche ich einen Polarisationsfilter, um Spiegelungen und den Grauschleier zu reduzieren.

ulrich schaffer

www.ulrich-schaffer.com

Ich suche mit Verlangen

Ulrich Schaffer
Ich suche mit Verlangen

Hardcover mit Schmutzumschlag
64 Seiten, 16,5 x 18,5 cm
ISBN 3-7831-2677-0
ISBN 978-3-7831-2677-8

Ulrich Schaffer

wurde 1942 in Deutschland geboren und wanderte 1953 mit seiner Familie nach Kanada aus. Er wuchs im Norden von British Columbia auf, zog mit 18 Jahren nach Vancouver, studierte dort und in Hamburg Anglistik und Germanistik und unterrichtete zehn Jahre lang an einem College. Seit 1981 ist er freiberuflicher Schriftsteller und Fotograf. Die Gesamtauflage seiner Bücher beträgt über fünf Millionen. Ulrich Schaffer und seine Frau Waltraud Schaffer leben in Gibsons, einem kleinen Ort an der Küste von British Columbia, der nur mit Fähre oder Wasserflugzeug zu erreichen ist. Sie haben zwei erwachsene Töchter, Kira und Zilya.

Bibliografische Information der Deutschen Bibliothek
Die Deutsche Bibliothek verzeichnet diese Publikation in der Deutschen Nationalbibliografie; detaillierte bibliografische Daten sind im Internet über http://dnb.ddb.de abrufbar

Kreuz Verlag, Stuttgart
in der Verlagsgruppe Dornier GmbH
Postfach 80 06 69, 70506 Stuttgart

www.kreuzverlag.de
www.verlagsgruppe-dornier.de

Texte, Fotografien, Konzept und Design: Ulrich Schaffer
Umschlag: Ulrich Schaffer
Autorenfoto: Micha Pawlitzki
Druck: Proost, Turnhout

ISBN 3-7831-2815-3
ISBN 978-3-7831-2815-4